1 Bastele das Erdmännchen. Die Anleitung findest du auf Seite 2.

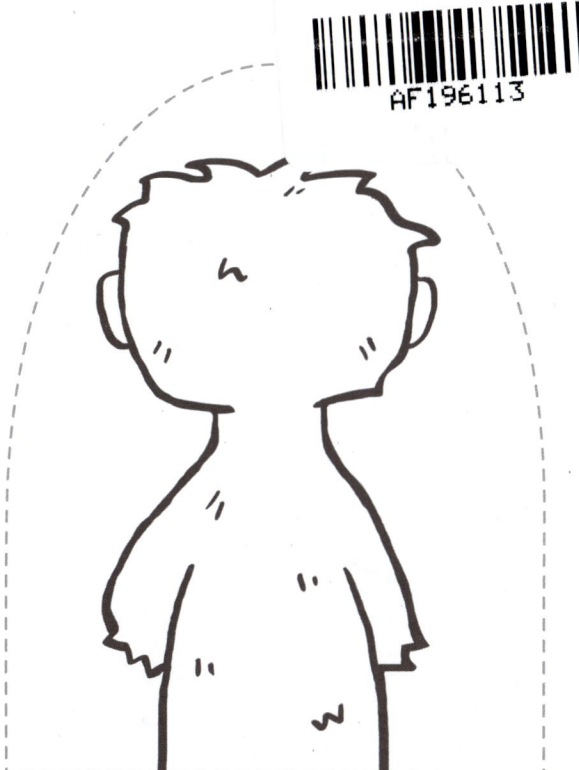

basteln

☺ 😐 ☹ 1

- Male das Erdmännchen aus.
- Schneide die ganze Seite an der Linie aus.
- Schneide das Erdmännchen an der gestrichelten Linie aus.
- Bestreiche nur den Rand mit Kleber. Unten lässt du frei.
- Klebe Vorder- und Rückseite direkt übereinander.

Fertig!

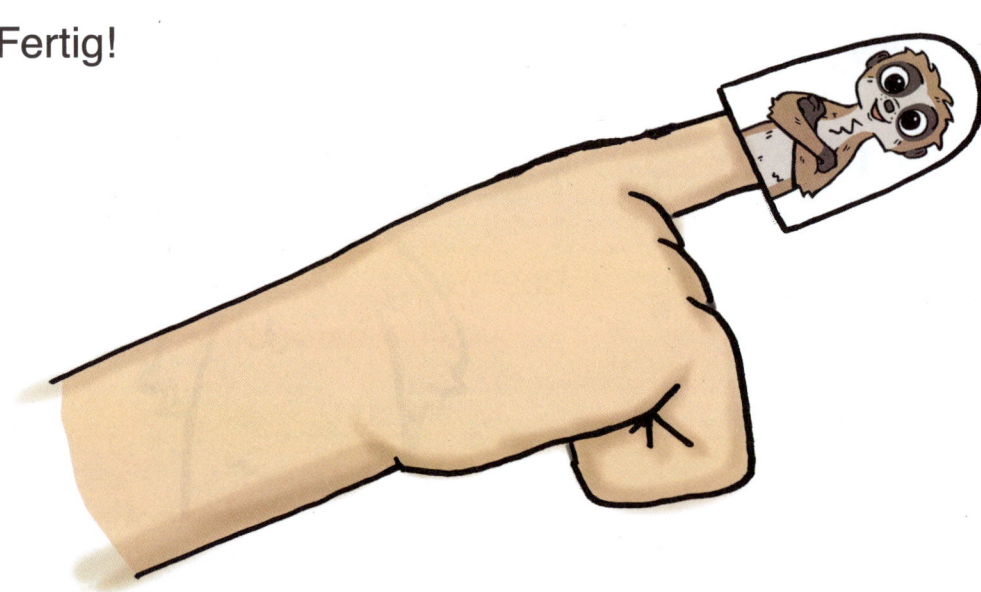

- Male das Erdmännchen aus.
- Schneide die ganze Seite an der Linie aus.
- Schneide das Erdmännchen an der gestrichelten Linie aus.
- Bestreiche nur den Rand mit Kleber. Unten lässt du frei.
- Klebe Vorder- und Rückseite direkt übereinander.

Fertig!

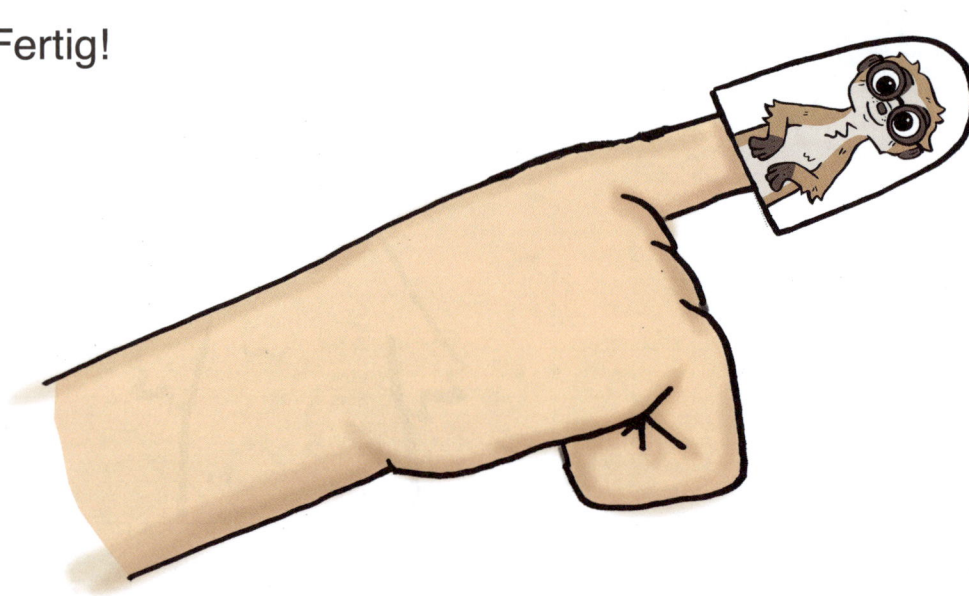

basteln

1 Bastele aus dieser Heftseite einen Umschlag, den du vorn in den Heftdeckel klebst.
Hier können deine Erdmännchen wohnen.

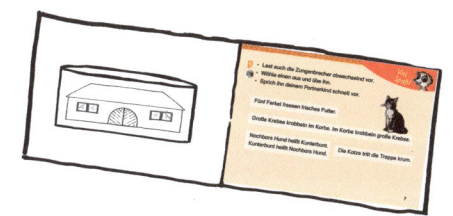

Anleitung:

1. Schneide die Heftseite aus.

2. Bestreiche den Rand mit Kleber. Oben und unten lässt du frei.

3. Falte an der gestrichelten Linie und klebe.

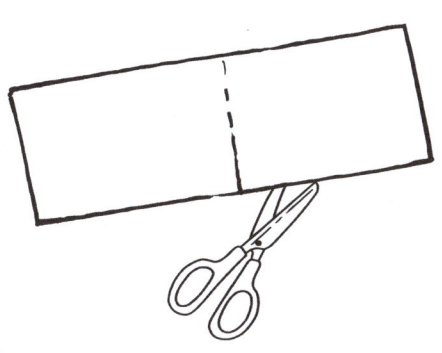

  5

1

- Lest euch die Zungenbrecher abwechselnd vor.
- Wählt einen aus und übt ihn.
- Sprecht ihn eurem Partnerkind frei vor.

Schwarze Katzen kratzen mit schwarzen Tatzen.

Die Katze tritt die Treppe krumm.

Große Krebse krabbeln im Korbe. Im Korbe krabbeln große Krebse.

Nachbars Hund heißt Kunterbunt. Kunterbunt heißt Nachbars Hund.

Fünf Ferkel fressen frisches Futter.

1

- Auf Seite 9 findest du zwei Wortkästen.
- Lies ein Wort aus Kasten 1 laut vor, ohne es zu zeigen.
- Dein Partner sucht es und streicht es schnell durch.
- Du überprüfst, ob es das richtige Wort ist.
- Lies dann ein neues Wort vor.
- Wenn kein Wort mehr übrig ist, tauscht ihr die Rollen (mit Kasten 2).

Ihr könnt die Zeiten auch stoppen! Wer ist schneller?

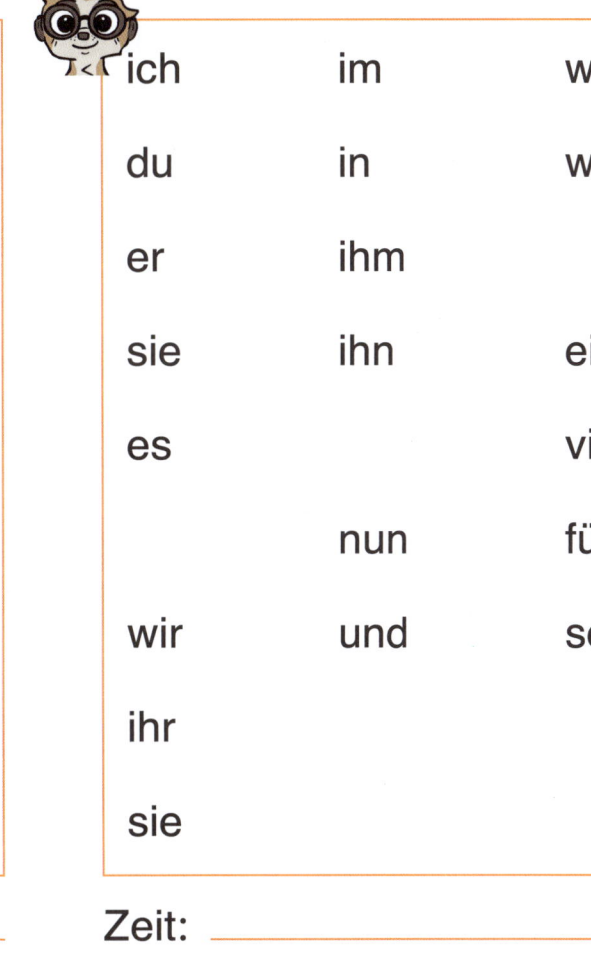

der	dein	wer
die	deine	zwei
das	diese	drei
		sieben
ein	zu	
eine	zum	da
einer	zur	dann
einen		
einem		

Zeit: _____

ich	im	was
du	in	warum
er	ihm	
sie	ihn	eins
es		vier
	nun	fünf
wir	und	sechs
ihr		
sie		

Zeit: _____

  9

1 Lest mit verteilten Rollen. Nutzt hierfür die Erdmännchen.

  (fröhlich): Lass uns heute in den Zoo gehen!

 (lustlos, leise): Nee, ich kann nicht.

 (neugierig, bettelnd): Warum denn nicht?
Im Zoo gibt es so süße Affen!
Och, komm doch!

 (neugierig): Aber ich habe noch so viel zu tun.

 (fragend): Was hast du denn alles zu tun?

 (seufzend): Ich muss aufräumen,
meine Hausaufgaben machen und
meinen Roller putzen.

 (nachdenklich): Schade. Mmmm. Kann ich dir helfen?

 (laut, begeistert): Klar! Kümmere dich zuerst um meine Hausaufgaben, dann um den Roller und zum Schluss räumst du hier auf!

 (beleidigt, ärgerlich): Äh? So nicht!
Mach deine Hausaufgaben selbst!

(dann großzügig): Aber – ich kann ja in der Zeit deinen Roller putzen.

 (froh): Toll, danke!
So schaffen wir es in den Zoo!

☺ ☻ ☹ 11

1 • Würfle mit einem Würfel, lies den Anfang des Satzes vor.

• Dein Partnerkind würfelt dann auch und liest das Ende vor.

Satzanfang:

Die Maus trippelt piepsend …

Das Pferd springt geschickt …

Die Kuh stampft kauend …

Die Biene summt fröhlich zurück …

Die Schlange schlängelt leise …

Der Vogel fliegt schnell …

Satzende:

 ... über den braunen Küchentisch.

... über die aufgestellte Hürde.

... in einen frischen Kuhfladen.

... in den Bienenstock.

... durch den heißen Sand.

... in das kleine Vogelnest.

- Lies den ersten Malauftrag vor.
  Das andere Kind malt in das leere Malfeld.
- Tauscht die Rollen:
  Nun liest das andere Kind vor und du malst weiter!
- Gemeinsam entsteht so euer Bild.

Malaufträge:

 1. Male einen Elefanten. Er hat einen roten Hut auf.

 2. Male auf seinen Rücken eine kleine Maus mit Regenschirm.

 3. Male eine Sonne und eine Wolke.

 4. Male Regen und einen Regenbogen.

1 Lest schnell.

 Die Anleitung findet ihr auf Seite 8.

immer	nein	viel
wieder	oft	man
bald	Zeit	ruft
gegen	sind	vom
weiter	muss	jetzt
ohne	heute	können
kann	alle	mit

Lest schnell und deutlich.

Zeit: _____

nicht	von	ist
sich	auf	so
auch	ihnen	ihren
ihr	ihn	ihre
mehr	denn	unter
sehr	selbst	schon
schön	bis	über

Hört genau zu.

Zeit: _____

☺ ☹ 17

1 • Lest euch die Zungenbrecher und Witze abwechselnd vor.

• Wählt je einen aus und übt.

• Sprecht eurem Partnerkind frei vor.

Zungenbrecher:

Hans hackt Holz hinterm Hühnerhaus.
Hinterm Hühnerhaus hackt Hans Holz.

Violett steht ihr recht nett.
Recht nett steht ihr violett.

Klitzekleine Kinder können keine Kirschkerne knacken.

Rasch rollt Rudis Rad.
Rudis Rad rollt rasch.

Zehn zahme Ziegen zogen
zehn Zentner Zucker zum Zoo.

Witze:

Die Lehrerin fragt: „Was ist flüssiger als Wasser?"
Fritzi: „Hausaufgaben! Die sind überflüssig."

Moni und Leon essen in der Schulkantine.
Moni sagt: „Der Tee schmeckt aber gut!"
Leon antwortet: „Das ist doch Kaffee!"
Da ruft die Lehrerin: „Wer möchte noch Kakao?"

Hans beschwert sich bei Ella: „Niemand nimmt mich ernst!" Darauf Ella: „Ach, du machst Witze!"

„Heute war ich echt super", erzählt der Fußballprofi stolz seiner Frau. „Ich habe zwei Tore geschossen." „Toll, und wie ist das Spiel ausgegangen?" – „1:1"

1 Lest mit verteilten Rollen.

  (fröhlich): Ich werde heute einen Kuchen backen!

 (überrascht): Ach, für wen soll der Kuchen denn sein?

 (geheimnisvoll): Das verrate ich dir nicht.
Es soll ein Geschenk werden.

 (traurig): Also bekomme ich nichts davon ab?
Keinen einzigen Krümel?

 (bestimmt): Wie gesagt: Ich möchte ihn verschenken.

 (fragend): Was für einen Kuchen backst du denn?

 (fröhlich): Ich backe einen leckeren Zitronenkuchen mit Zuckerguss.

 (schwärmerisch): Das ist mein Lieblingskuchen! Sind da auch noch Gummibärchen oben drauf?

 (aufgeregt): Ja, mit Gummibärchen.

 (beneidend): Mmmm! Wer ihn auch immer bekommt, der muss sehr glücklich sein!

 (freundlich): Prima! Na, bist du glücklich? Er ist für dich!

☺ ☺ ☹ 21

1 Würfelt gemeinsam lustige Sätze. Notiert den lustigsten Satz.

 Satzanfang:

- •   Der Feuerwehrmann löscht mit dem Schlauch …

- ••   Die Bäckerin backt immer sonntags …

- ⋰   Die Ärztin verbindet mit einem Verband …

- ::   Der Sänger singt auf der Bühne …

- ⁙   Der Vater erzählt abends im Bett …

- ⁞⁞   Die Kinder schreiben in der Schule …

Satzende:

 … ein großes, gefährliches Feuer.

… eine leckere, rosa Sahnetorte.

… eine blutende Wunde am Kopf.

… ein wunderschönes Lied.

… eine gruselige Gutenacht-Geschichte.

… einen Brief in Geheimschrift.

 *Ich lache mich schlapp!*

 23

1 Lest und malt zu zweit.

 Malaufträge:

 1. Male ein gelbes Flugzeug mit einem Fenster.

 2. Aus dem Fenster sieht der Pilot. Er hat braune Haare.

 3. Male fünf blaue Wolken und zwei Vögel.

 4. In der Ecke oben rechts ist ein bunter Drachen aus Papier.

 5. Der Drachen hat eine Schnur mit vier Schleifen.

 6. Male zwei Häuser und eine Kirche am Boden.

- Lies ein Wort aus Kasten 1 laut vor.

- Dein Partner sucht in Kasten 2 das passende Reimwort und streicht es schnell durch. Du überprüfst, ob es stimmt.

- Lies dann ein neues Wort aus Kasten 1 vor.

- Wenn kein Wort mehr übrig ist, tauscht ihr die Rollen und arbeitet mit Kasten 3 und 4.

1	
Hund	Schlange
Sonne	Lippe
Ziege	Zeh
Dose	Buch
Hand	Knall

2	
Fall	Zange
Tuch	Hose
Mund	Wiege
Rippe	Tonne
Wand	Fee

Zeit: _____

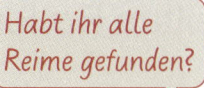
Habt ihr alle Reime gefunden?

3

Katze	Zahn
Pferd	Dieb
Kammer	Fliege
Schippe	Eule
Loch	Strauch

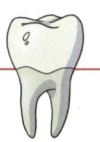

4

Tatze	Hahn
Herd	Liege
Sieb	Hammer
Wippe	Beule
Koch	Bauch

Zeit: _____

 ☺ 😐 ☹ 27

1 Lest mit verteilten Rollen.

  (fragend):   Was sind deine Hobbys?

 (zählt auf):   Ich lese gern und ich spiele gern mit dir. Außerdem mag ich Reiten.

 (ängstlich):   Vor Pferden habe ich immer Angst. – Meine Hobbys sind Fußball spielen und ich treffe mich auch gern mit dir.

 (freudig):   Hast du Lust, mich mal zum Fußball mitzunehmen? Ich würde das gern kennenlernen.

 (begeistert): Ja! Gute Idee! Dann können wir in Zukunft zusammen Fußball spielen! Dazu habe ich große Lust!

 (fragend, überredend): Kommst du dann aber auch mit zum Reiten? Du brauchst keine Angst haben, ich bin ja dabei. Ich kenne mich mit Pferden schon gut aus.

 (mutig):  In Ordnung. Mit dir zusammen traue ich mich. Ich freue mich sogar darauf.

1
- Suche dir einen Märchen-Anfang aus und lies ihn vor.
- Dein Partnerkind sucht im nächsten Kasten
  eine Fortsetzung und liest weiter. Wechselt euch immer ab!

Märchen-Anfang

Es war einmal …

Vor gar nicht allzu langer Zeit
lebte einmal …

In einem fernen Land lebte …

Fortsetzung 1

… ein trauriger Riese.

… eine zarte Prinzessin.

… ein feuriger Drache.

… eine witzige Hexe.

Fortsetzung 2

Sie/Er musste gegen einen Zauberer kämpfen.

Sie/Er war sehr krank.

Sie/Er wollte einen Schatz finden.

Sie/Er hatte drei Wünsche frei.

Fortsetzung 3

Zum Glück hatte sie/er ein Zauberschwert.

Ein Wunder geschah: Eine Fee kam zur Hilfe.

Drei Dinge gingen plötzlich in Erfüllung und alles wurde gut.

Doch dann wurde er/sie nie mehr gesehen.

Ende

Ende gut, alles gut.

Und wenn sie nicht gestorben sind, dann leben sie noch heute.

So kam es zu einem traurigen Ende.

 ☺ 😐 ☹ 31

Würfelsätze

1 Würfelt gemeinsam lustige Sätze. Notiert den lustigsten Satz.

Satzanfang:

⚀ Der freundliche, junge Lehrer erklärt …

⚁ Das dicke, rosige Schwein frisst …

⚂ Der lustige, kleine Junge kaut …

⚃ Die vergessliche, alte Frau sucht …

⚄ Der gefährliche, wilde Löwe jagt …

⚅ Die überaus kluge Professorin berechnet …

Satzende:

Das ist ja lustig!

 … Schritt für Schritt eine Matheaufgabe.

 … schmatzend ein Salatblatt.

 … gut gelaunt einen Kaugummi.

 … jeden Tag genervt die Brille.

 … in der Mittagssonne ein flinkes Zebra.

 … die Bahnen der Planeten und das Weltall.

1 Lest und malt zu zweit.

 Malaufträge:

 1. Male einen großen, braunen Korb.

 2. Im Korb sitzen zwei Kätzchen. Eine Katze ist braun und eine ist rot.

 3. Male neben den Korb einen gelben Fressnapf.

 4. Auf dem Fressnapf steht der Name: Mimi. Die Schrift ist lila.

 5. Male ein Mädchen, das sich freut.

 6. Das Mädchen trägt einen grünen Hut mit blauer Feder.

Reimwörter finden

- Lies ein Wort aus Kasten 1 laut vor.
- Dein Partner sucht in Kasten 2 das passende Reimwort und streicht es schnell durch. Du überprüfst, ob es stimmt.
- Lies dann ein neues Wort aus Kasten 1 vor.
- Wenn kein Wort mehr übrig ist, tauscht ihr die Rollen und arbeitet mit Kasten 3 und 4.

1	
Puppe	Maus
Feder	Bruder
Kind	Kuh
Tanne	Pudel
Fisch	Fuß

2	
Gruß	Nudel
Schuh	Ruder
Haus	Tisch
Kanne	Rind
Leder	Suppe

Zeit: _____

3

Bild	Schal
Loch	Fee
Kopf	Nase
Bein	Geld
Schrank	Dino

4

Kino	Held
Vase	Tee
Wal	Bank
Schwein	Topf
Koch	Schild

Zeit: _____

- Suche dir einen Anfang aus und lies ihn vor.
- Dein Partnerkind sucht im nächsten Kasten
  eine Fortsetzung und liest weiter. Wechselt euch immer ab!

Anfang

Fortsetzung 1

In 500 Jahren leben auf der Erde …

In ferner Zukunft sausen durch das All …

Ein Blick in die Zukunft zeigt …

… viele, silberne Roboter.

… große Raumschiffe.

… fliegende Menschen mit Metallflügeln.

… neue Lebewesen mit zwei Köpfen.

Fortsetzung 2

Sie leben friedlich und ohne Geld.

Sie kämpfen miteinander.

Sie sind intelligent und haben Laserschwerter.

Sie sind dumm aber liebenswert.

Fortsetzung 3

Sie erforschen den Weltraum.

Sie kümmern sich um die Menschen auf der Erde.

Sie beschützen die Welt vor Feinden.

Sie haben eine geheime Aufgabe.

Ende

Auf zu neuen Abenteuern!

So könnte es sein!

Das wäre schön!

Das wäre unheimlich.

  39

Viel Spaß!

Kennt ihr auch Witze?

1

- Lest euch gegenseitig die Witze vor.
- Wählt einen aus und übt ihn.
- Sprecht ihn eurem Partnerkind frei vor.

Vater fragt Wolfi:
„Wo ist denn dein Zeugnis?"
Meint Wolfi fröhlich:
„Das habe ich Otto geliehen.
Er will seinem Vater einen
Schreck einjagen."

Klein-Wolfi sagt seinem
Sitznachbarn in der Schule:
„Du, die Lehrerin weiß aber gar
nichts." – „Warum?" – „Ja, weil
sie uns doch immer alles fragt!"

Zwei Schafe auf der Wiese. Sagt das eine Schaf:
„Määhh!" Darauf das andere Schaf: „Mäh' doch selber."